THETIS
ET PELÉE,
TRAGEDIE

REPRÉSENTÉE POUR LA PRÉMIERE FOIS
PAR L'ACADEMIE ROYALE
DE MUSIQUE,

Le   1689.

Et remise au Théatre avec des changements le 16. Avril 1708.

A PARIS,

Chez CHRISTOPHE BALLARD, seul Imprimeur du Roy
pour la Musique, ruë S. Jean de Beauvais, au Mont-Parnasse.

M. DCCVIII.

Avec Privilege de Sa Majesté.

LE PRIX EST DE TRENTE SOLS.

PERSONNAGES

DU PROLOGUE.

LA NUIT.   Mademoiselle Desjardins.
LA VICTOIRE.   Mademoiselle Demerville.

Suite de la Victoire.

LE SOLEIL.   Monsieur Beaufort.

Noms des Acteurs chantants dans les Chœurs du Prologue, & de la Tragedie.

SECOND RANG.   PREMIER RANG.

MESDEMOISELLES

Baffet.	Boifé.	Reffié.	Guillet.
Chevalier.	Heufé.	Desjardins.	De Boifé.
De la Barre.			

MESSIEURS

Le Jeune.	Alexandre.	Cadot.	Deverny.
Prunier.	Bufeau.	Defvoys.	Crêté.
Courteil.	Beaufort.	Mantienne.	Lebel.
Marianval-L.	Solé.	Bertrand.	Perere.
Marianval-C.	La Cofte.	Paris.	

DIVERTISSEMENT
du Prologue.

SUITE DE LA VICTOIRE.

Monsieur Dangeville-L.,

Messieurs Germain , Dumoulin-L., Ferand , Blondy , Marcelle, P-Dumoulin, Clin, & Javilier.

SUIVANTE DE LA VICTOIRE.
Mademoiselle Rose.

SIX HEURES DU JOUR.

Mesdemoiselles Prevost , Dufresne , Chaillou , Leconte, Caré , & Mangot.

On vend le Recueil général des Paroles des Opera , en huit Volumes in douze, ornez de Planches , 16. liv.

PROLOGUE.

PROLOGUE.

Le Théatre repréfente une Nuit.

SCENE PRÉMIÈRE.

LA NUIT dans fon Char.

Achevons nôtre cours paifible,
Achevons de verfer nos tranquilles
    Pavots ;
Mortels, dans vôtre fort penible
Le plus grand bien eft le repos.

Goutez ce calme heureux que le deftin vous laiße,
Le jour ne reviendra qu'avec trop de viteße,
    Et mille foins divers
    S'empareront de l'Univers.

On entend un bruit de Guerre.

    Quel bruit interrompt le filence
     De la Terre & des Cieux ?
     D'où vient que dans ces lieux
     La Victoire s'avance ?

é

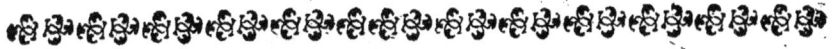

SCENE DEUXIÉME.

LA NUIT, LA VICTOIRE & sa Suite.

CHOEUR.

ALlons, allons, ne tardons pas,
Un jeune HEROS nous appelle ;
Allons le couronner dans l'horreur des combats ,
La Victoire à jamais luy veut être fidele ,
Elle suivra toûjours ses pas.

On commence à voir un peu de clarté.

LA VICTOIRE.

O Nuit ! precipitez vôtre sombre carriere ,
Déja du Dieu du Jour un foible éclat nous luit ;
Cedez à la lumiere,
Fuyez, fuyez, obscure Nuit.

LA NUIT.

Il n'est pas temps encore que le Soleil me chasse,
O Ciel ! par quelle nouveauté
Vient-il si-tôt prendre ma place
Et faire briller sa clarté ?

La clarté augmente peu à peu.

CHOEUR.

O Nuit! precipitez vôtre sombre carriere,
Voyez quel est déja cet éclat qui nous luit,
Cedez à la lumiere,
Fuyez, fuyez, obscure Nuit.

LA NUIT.

Il faut ceder, je ne puis m'en défendre,
Un trop grand éclat m'y reduit.
Quel prodige doit-on attendre
Dans le jour qui me suit ?

LA VICTOIRE.

Le temps vous presse trop, vous ne pouvez l'apprendre.

CHOEUR.

Fuyez, fuyez, obscure Nuit.

La NUIT se retire.

SCENE TROISIÉME.

LA VICTOIRE & sa Suite.

On voit le Palais du Soleil qui commence
à s'ouvrir.

LA VICTOIRE.

DU Palais du Soleil la barriere éclatante
S'ouvre de moment en moment.
Marquons au Dieu du Jour qui remplit nôtre attente ,
Combien à nos regards ce spectacle est charmant.

Pendant que le Palais du Soleil acheve de s'ouvrir ,
la Suite de la VICTOIRE en marque sa joye
par des danses.

SCENE QUATRIÉME.

LE SOLEIL, LES HEURES, LA VICTOIRE & sa Suite.

LE SOLEIL.

Victoire, tu le vois, j'accomplis ma promesse ;
A suivre tes desirs tu vois que je m'empresse,
L'ordre de l'Univers, & d'éternelles loix
    N'ont point de pouvoir qui m'arreste,
Je vais partir plûtôt que je ne dois,
Pour éclairer la premiere conqueste
    Du Fils du plus puissant des Rois.

LA VICTOIRE.

Je ne puis te marquer trop de reconnoissance,
Soleil, quand tu répons à mon impatience.
Un grand Roy m'a prescrit de voler en des lieux
Où son auguste Fils, d'un courage intrepide,
    Expose des jours precieux,
Ma course n'est jamais plus prompte & plus rapide,
Que quand je suy les loix d'un Roy si glorieux.

LE SOLEIL.

    Pendant quelques moments encore
    Laissons briller l'Aurore,
Et j'entre en ma carriere avec la même ardeur
    Qui possede ton cœur.

PROLOGUE.

Quel Destin aujourd'huy commence !
Quelle brillante gloire aujourd'huy prend naissance !
Que de fameux exploits l'un à l'autre enchainez
S'offrent dans l'avenir à mes yeux étonnez !
A ce Vainqueur nouveau, mille Ennemis se rendent,
Mille superbes Murs tombent sous son effort.
Que voi-je ? quel illustre sort !
Il satisfait à tout ce que demandent
Et l'Exemple qu'il suit, & le Sang dont il sort.

Danses de la Suite de la VICTOIRE & des HEURES.

CHOEUR.

Préparons, préparons nos Palmes immortelles
Pour tant d'exploits guerriers,
Pour des conquêtes si belles
Préparons tous nos Lauriers.

LE SOLEIL dans son Char.

Je commence mon cours, va, pars ainsi que moy ;
Victoire, accordons-nous à servir un grand Roy.

LE SOLEIL part, & la VICTOIRE s'envole.

FIN DU PROLOGUE.

ACTEURS
DE LA TRAGEDIE.

PELE'E.	Monsieur Cochereau.
THETIS.	Mademoiselle Journet.
DORIS.	Mademoiselle Poussin.
NEPTUNE.	Monsieur Thevenard.
CYDIPPE.	Mademoiselle Heusé.
TROIS SYRENES.	Mesdemoiselles Aubert,
Deboisé, & Veron.	
UN TRITON.	Monsieur Dun.
JUPITER.	Monsieur Hardoüin.
LE MINISTRE DU DESTIN.	Monsieur Dun.
UNE GRECQUE.	Mademoiselle Daulin.
UN GREC.	Monsieur Boutelou.
L'ORACLE.	Monsieur Hardoüin.
LES TROIS EUMENIDES.	Mrs Mantienne,
Creté & Beaufort.	
PROTE'E.	Monsieur Guerard.
FLORE.	Mademoiselle Heusé.
MERCURE,	Monsieur Choplet.

DIVERTISSEMENTS DE LA TRAGEDIE.

PREMIER ACTE.

TRITONS. Monsieur D-Dumoulin,
Messieurs Germain, Dumoulin-L., F-Dumoulin, P-Dumoulin,
Dangeville-L., & Dangeville-C.
NEREIDES. Mesdemoiselles Prevost, Guyot, Dufresne & Mangot.

SECOND ACTE.

L'EUROPE. Mademoiselle Guyot.
SUITE. Messieurs Dubreüille, François, Dangeville-C.,
Mesdemoiselles Caré, Dufresne, & Mangot.
L'ASIE. Messieurs Ferand, Blondy,
Mesdemoiselles Rose, & Chaillou.
L'AFRIQUE. Mademoiselle Prevost.
SUITE. Messieurs Dumoulin-L., F Dumoulin, P-Dumoulin.
AFFRIQUAINES. Mesdemoiselles Leconte; & Guyerville.
L'AMERIQUE. Monsieur Balon.
SUITE. Messieurs Dangeville-L., Clin, Marcelle, Javilliers,
Marcelle-C., & Pietre.

TROISIEME ACTE.

SUITE DU DESTIN. Mrs Germain, Dumoulin-L., Blondy,
Ferand, P-Dumoulin, Dangeville-L., Javilliers, & Marcelle-C.

QUATRIEME ACTE.

BORE'E. Monsieur F-Dumoulin.
VENTS. Messieurs P-Dumoulin, Clin, Marcelle, Javilliers,
Dubreüille, François, Marcelle-C., & Pietre.

CINQUIEME ACTE.

SUITE DE FLORE. Monsieur Blondy,
Messieurs Germain, Dumoulin-L., Dangeville-L., D-Dumoulin.
Mesdemoiselles Guyot, Dufresne, Roze, & Chaillou.
SUITE DE PAN. Mrs Marcelle, Clin, Dubreüille, Dangeville-C,
Mesdemoiselles Caré & Mangot.

THETIS.

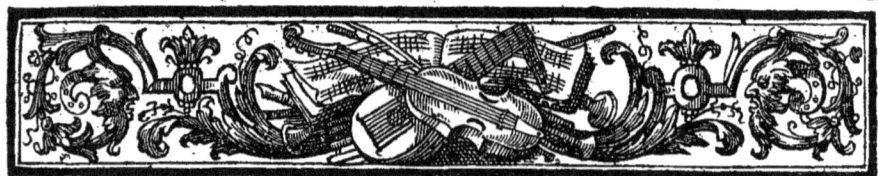

THETIS
ET PELÉE,
TRAGEDIE.

ACTE PREMIER.

Le Théatre represente le Palais de THETIS.

SCENE PREMIERE.

PELÉE.

Que mon destin est déplorable !
En vain à mes soûpirs Thetis est fa-
　　　vorable,
Helas ! Neptune en est charmé.
La crainte que nous cause un Dieu si
　　　redoutable
Tient toujours dans nos cœurs ce beau feu renfermé.
Quelles sont tes rigueurs, Amour impitoyable !
Il est encor des maux pour un Amant aimé.

A

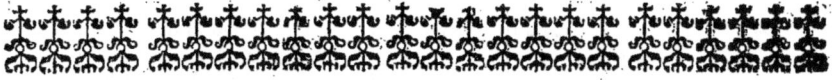

SCENE DEUXIÉME.

PELE'E, DORIS, CIDIPPE.

DORIS.

*Q*Uoy? je vous trouve seul? Thetis attend Nep-
    tune;
Lorsqu'il vient à ses yeux faire briller sa Cour,
    Il semble que d'un si beau jour
      L'éclat vous importune :
La retraite ne plaist qu'à des cœurs pleins d'amour.

PELE'E.

Moy, Nymphe, j'aimerois? non, mon cœur est paisible,
  Non, mon cœur n'est point enflâmé.

DORIS.

    On dit d'un air moins animé
      Que l'on est insensible.

PELE'E.

Par le seul mot d'amour vous m'avez allarmé.

DORIS.

C'est en vain qu'un Amant tâche de se contraindre,
    En vain il cache son ardeur,
      Les efforts qu'il se fait pour feindre
Trahissent malgré luy le secret de son cœur.

J'ignore quel Objet dans vôtre ame a fait naître
Des feux qui n'osent éclater ;
Mais vous aimez, j'ay sçû le reconnoître,
Ne cherchez point à m'en faire douter.

P E L E' E.

J'aimerois si l'amour sincere
Pouvoit s'assûrer d'être heureux ;
Mais souvent les plus beaux feux
Trouvent un Objet severe ;
Souvent on prefere
L'Amant le moins amoureux.

Neptune aime Thetis, c'est à moy qu'il confie
Ses secrets sentiments ;
Mais ses tourments
Me font voir, sans envie,
Le destin des Amants.

D O R I S.

Dequoy peut vous servir une feinte éternelle ?
Roy des Tessaliens, fameux par vos exploits,
Vous aimez, vous serez fidele ;
D'où vient que vous n'osez découvrir vôtre choix ?

Avec une gloire éclatante,
Vous flaterez la vanité
D'une fiere Beauté ;
Avec une flâme constante
Vous pourrez d'une Indiferente
Vaincre la cruauté.

A ij

THETIS ET PELE'E,

Avec une gloire éclatante,
Avec une flâme constante,
On est aisément écouté.

PELE'E.

Vous tâchez vainement d'animer mon courage,
Quand je serois Amant, croirois-je vos discours ?
La crainte est toûjours
Le cruel partage
Des tendres amours.

DORIS.

L'espoir est toûjours
Le charmant partage
Des tendres amours.

PELE'E & DORIS.

La crainte
L'espoir } est toûjours
Le charmant
Le cruel } partage
Des tendres amours.

SCENE TROISIÉME.

THETIS, DORIS, PELE'E, CIDIPPE,
Nymphes de la Suite de THETIS.

DORIS.

DEeße, *avec plaisir nous allons voir la feste*
Que le Dieu des Eaux vous appreste.

THETIS.

J'espere qu'en ce jour vôtre amitié pour moy
Vous fera partager l'honneur que je reçoy.

On voit venir de loin les Sirenes, & on entend
leur Musique.

Mais nous voyons déja les Sirenes paroître,
Nous entendons leurs doux concerts,
Préparons-nous à voir bien-tôt le Maître
Des vastes Mers.

SCENE QUATRIÉME.

THETIS, DORIS, PELE'E, LES SIRENES,
Nymphes de la Suite de THETIS, Nereïdes
qui accompagnent les Sirenes.

LES SIRENES.

Nos chants harmonieux forcent tout à se rendre,
Nous disposons des cœurs à nôtre gré:
Dés que nos voix se font entendre,
Nôtre triomphe est assûré.

Danses des Nereïdes.

LES SIRENES à THETIS.

Prenez d'aimables chaînes,
Que nos Chansons ne soient pas vaines
Pour la premiere fois ;
Est-il des rigueurs inhumaines
Pour un fidele amour annoncé par nos voix ?

SCENE CINQUIÉME.

NEPTUNE, THETIS, PELE'E, TRITONS, & FLEUVES de la Suite de NEPTUNE, DORIS, SIRENES, NEREIDES.

CHOEUR de Tritons & de Fleuves.

EMpreſſons-nous à plaire au Dieu des Ondes ;
Il adore Thetis, adorons ſes beaux yeux,
Les Amours deſcendront dans nos Grottes profondes,
Ils regnent juſque dans ces lieux.

NEPTUNE à THETIS.

Voyez, belle Déeſſe,
Voyez, toute ma Cour vous marquer ſon tranſport,
Je vous ſoûmets, par ma tendreſſe,
Tout ce qui m'eſt ſoûmis par les ordres du Sort.
Jupiter m'enleva le plus noble partage ;
Mais l'Empire des Mers où je donne la loy,
Sur l'Empire des Cieux, doit avoir l'avantage,
Quand vous regnerez avec moy.

THETIS.

Je doute que du Sort la ſuprême puiſſance
M'ait deſtinée à cet honneur ;
Mais je reçoy vos ſoins avec reconnoiſſance,
C'eſt le ſeul ſentiment qui dépend de mon cœur.

THETIS ET PELE'E,

NEPTUNE.

Je me flate que ma conftance
Doit m'attirer une autre recompenfe ;
Aimez, aimez à vôtre tour,
C'eft l'amour feul qui peut payer l'amour.

Danfe de Divinitez de la Mer.

CHOEUR de toutes les Divinitez.

Tout reconnoît l'Amour, tout fe plaît dans fes chaînes,
Tout céde à fes loix fouveraines ;
Mais il n'eft rien dans l'univers
Qui luy foit plus foûmis que l'empire des Mers.

UN TRITON.

C'eft dans nos flots que Venus prit naiffance,
Nous fûmes les premiers fous fon obeïffance,
La Mere d'Amour fit fur nous
L'effay de fes traits les plus doux.

NEPTUNE aux Divinitez de la Mer.

Je fuis content de vôtre Zele,
Il ne fçauroit mieux éclater.

à THETIS.

Je vous quitte, aimable Immortelle,
Songez à la grandeur où vous pouvez monter :
Mais fongez encor plus à mon amour fidele.

NEPTUNE fort avec les Divinitez de la Mer.

SCENE VI.

SCENE SIXIÉME.
THETIS, PELE'E.

PELE'E.

JE viens de soûtenir le spectacle fatal
Des hommages pompeux que vous rend mon Rival ;
   Pour me payer d'une peine si dure,
Vos plus tendres regards ne me sont-ils pas dûs ?
Parlez, ou que du moins un soûpir me rassûre
   Contre les soins que l'on vous a rendus.

THETIS.

   Perdez une crainte importune,
Je viens d'apprendre encor que mes foibles attraits
Vous donnent un Rival plus puissant que Neptune,
Et mon cœur est à vous, plus qu'il n'y fut jamais.

PELE'E.

Ah ! Jupiter est ce Rival terrible !

THETIS.

C'est luy qui va m'offrir des soûpirs superflus.

PELE'E.

Quoy ! Jupiter pour vous est devenu sensible ?
Ma peine étoit trop foible, & rien n'y manque plus.

B

Daignez me pardonner ma crainte & mes allarmes,
Si j'en croyois les troubles que je sens,
Je me plaindrois de l'excés de vos charmes,
Lorsqu'ils me font des Rivaux si puissants.

THETIS.

Vous remportez des victoires nouvelles,
Quand je fais des Amants nouveaux :
Si mes conquestes sont trop belles,
Vos triomphes en sont plus beaux.

PELE'E.

Je ne suis qu'un Mortel, c'est en vain que j'espere ;
Ces Dieux empressez à vous plaire
Me font sentir trop vivement
Que je suis un temeraire
D'oser être vôtre Amant.

THETIS.

Dans l'Empire d'Amour on tient le rang suprême,
Dés que l'on sçait charmer :
Un Mortel qui se fait aimer,
Est égal à Jupiter même.
Dans l'Empire d'Amour on tient le rang suprême
Dés que l'on sçait charmer.

PELE'E.

Lorsque j'obtiens de vous un si doux sacrifice,
O Ciel! dans quels malheurs il faut que je languisse!
J'esperois que l'Hymen finiroit mon tourment,
 Mais tout s'oppose à cét espoir charmant ;
 Plus vous m'aimez, plus je sens le supplice
  D'estre aimé vainement.

THETIS & PELE'E.

 Faut-il que tout s'unisse
 Contre de si beaux feux?
 Helas! quelle injustice!
Les plus tendres amours sont les plus malheureux.

THETIS.

Redoublons, s'il se peut, nôtre ardeur mutuelle,
 Par nôtre amour, tachons à surmonter
  Là fortune cruelle.

THETIS & PELE'E.

Aimons, c'est le seul bien qu'on ne peut nous ôter.

FIN DU PREMIER ACTE.

ACTE SECOND.

Le Théatre repréfente un Rivage de la Mer.

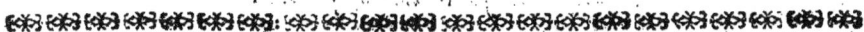

SCENE PRÉMIERE.

DORIS, CIDIPPE.

CIDIPPE.

Ous fuivez un penchant trop flateur
    & trop doux,
Je doute que Pelée ait de l'amour pour
    vous.
Son feu, s'il vous aimoit, craindroit
    moins de paroître,
Ses foins feroient plus empreßez,
Il vous tient des difcours douteux, embaraßez,
L'Amour par fes regards ne fe fait point connoître;
    On l'aperçoit bien mieux
Dans vôtre bouche, & dans vos yeux.

D O R I S.

Non, j'aime trop pour m'y pouvoir méprendre.

Des soins toûjours craintifs, un timide embaras,
    Sont les effets de l'Amour le plus tendre;
        C'est en soûpirant tout bas
        Qu'il se fait le mieux entendre.

C I D I P P E.

On croit facilement qu'on inspire les feux
        Que l'on ressent soy-même,
        On se flate si-tôt qu'on aime,
Et tout paroît amour à des yeux amoureux.

D O R I S.

Pelée aime en secret, tout marque sa tendresse,
A quel Objet ses vœux pourroient-ils estre offerts?
Il voit souvent Thétis, mais le soin qui le presse
        Est de servir le Dieu des Mers,
Il n'est pas son Rival auprés d'une Déesse.

        Tout semble declarer
        Que c'est moy qu'il adore;
        Mais j'en croy mieux encore
        Mon cœur qui m'en ose assûrer.

C I D I P P E.

        Ne seray-je point trop sincere,
        Si je vous avertis
        D'un secret qui doit vous déplaire?

J'ay veu dans un lieu solitaire
Pelée entretenir Thetis,
Le hazard seul neût pû les y conduire,
Sans entendre leurs voix, je sçûs assez m'instruir
De leurs mutuelles amours;
Par leur regards j'entendis leurs discours.

DORIS.

Il aimeroit Thetis? Ciel! cét affreux supplice
Seroit-il reservé pour ma secrette ardeur?
Mais je la voy, pour lire dans son cœur,
Je veux employer l'artifice.

CENE DEUXIÉME.

THETIS, DORIS, CIDIPPE.

DORIS.

DEeſſe, venez-vous ſur ce bord écarté
  Reſver aux Conqueſtes brillantes.
    Que fait vôtre beauté ?

THETIS.

Ce qui peut les rendre charmantes
N'eſt que la ſeule vanité.

Les Dieux ont peu d'amour, on ne doit point attendre
Que leur cœur tout entier s'en laiſſe poſſeder,
    Ces Amants ſon aiſez à prendre,
    Et difficiles à garder.

DORIS & CIDIPPE.

Un tendre amour doit avoir l'avantage
    Sur un rang éclattant,
    Le plus glorieux hommage
    Eſt celuy d'un cœur conſtant.

DORIS.

Quelque fois un Mortel me jure
Qu'il est touché du pouvoir de mes yeux ;
Si j'en étois bien sûre,
Je le préfererois aux Dieux.

THETIS.

Et quel est cét Amant ? l'amitié vous engage
A me laisser entrer dans un secret si doux.

DORIS.

Pelée a pris des soins ... Vous changez de visage ?
Pourquoy vous troublez-vous ?

THETIS.

J'ignorois qu'il fût dans vos chaînes,
Avec bien du mistere il a conduit ses feux.

DORIS.

L'Amour discret cache ses peines,
A l'Objet même de ses vœux.

Mais je voy Mercure descendre,
Je croy que sans témoins vous le voulez entendre.

SCENE III.

SCENE TROISIÉME.

THETIS, MERCURE.

MERCURE.

JUpiter attiré par vos divins appas
  Va paroître icy bas.

  Quand Neptune vous rend les armes,
Ce triomphe pour vous est trop peu glorieux ;
  L'Amour devoit à tant de charmes
La conqueste d'un Dieu, maître des autres Dieux.

THETIS.

Je sçay que Jupiter tient tout sous son Empire,
  Que les Dieux reverent ses loix ;
  Mercure, on n'a rien à me dire
  Sur le respect que je luy dois.

C

SCENE QUATRIÉME.

THETIS.

T'Riſtes honneurs, Gloire cruelle,
     Ah! que vous me génez !
Triſtes honneurs, Gloire cruelle,
Pourquoy m'êtes vous deſtinez ?

Mon Amant n'eſt qu'un infidele !
Dieux! quel trouble ſaiſit tous mes ſens étonnez !
Le Perfide trahit une flâme ſi belle !
     Helas! mes jours infortunez
Vont couler dans l'horreur d'une peine éternelle.
     Triſtes honneurs, Gloire cruelle,
     Pourquoy m'êtes vous deſtinez ?

     Vous qu'en ces lieux l'Amour appelle,
Retournez dans le Ciel que vous abandonnez,
Laiſſez-moy m'occuper de ma douleur mortelle ;
A de trop juſtes pleurs mes yeux ſont condamnez.
     Triſtes honneurs, Gloire cruelle,
     Pourquoy m'êtes vous deſtinez ?

SCENE CINQUIÉME.

THETIS, PELE'E.

PELE'E.

ENfin je vous revoy, quel bonheur pour ma flame !
Que ces moments me semblent doux !

THETIS.

Allez chercher Doris elle a touché vôtre ame ;
Je sçay que vôtre cœur se partage entre nous.

PELE'E.

O Ciel ! que vous entens-je dire ?
Quoy ? lors qu'à vôtre hymen vous souffrez que
j'aspire...

THETIS.

Non, Ingrat, non Perfide, il n'y faut plus penser.
Mon hymen t'eût comblé de gloire,
Mais il te plaît d'y renoncer
Par une trahison si noire.
Non, Ingrat, non Perfide, il n'y faut plus penser.

C ij

PELE'E.

Ah! quels noms pleins d'horreur me faites vous en-
 tendre?
Quel traitement, grands Dieux! & l'amour le plus
 tendre.
   Peut-il se l'être attiré?
THETIS.
  Ton crime est trop assûré,
  Tu ne sçaurois t'en deffendre.

En vain des plus grands Dieux j'avois touché le
 cœur,
Je te sacrifiois leur majesté suprême,
Et j'eusse encor voulu que Jupiter luy-même
   Eût eû plus de grandeur.

Tu me fais cependant la plus cruelle injure,
  Tu brûles pour d'autres appas;
  Quel destin est le mien? helas!
C'est le sort d'une ardeur trop fidelle & trop pure
  De trouver toûjours des ingrats.
PELE'E.
  Le croyez-vous belle Déesse?
Quoy? vous m'aimez, & de vôtre tendresse
   J'ignorerois le prix?
Quoy? vous m'aimez, & j'aimerois Doris?
  Le croyez-vous, belle Déesse?
Ah! pour vous détromper d'un soupçon qui me blesse,
J'iray, même à vos yeux, l'accabler de mépris.

THETIS.

Ne croy point m'éblouïr par une fausse adreße.

On voit des Eclairs , & on entend le Tonnerre.

Mais je puis me vanger, ces Eclairs que je voy ,
Ce Tonnerre qui gronde ,
M'annoncent le Maître du Monde.
Je sçauray me forcer à recevoir sa foy ,
Mon cœur s'est engagé sur l'apparence vaine
Des feux que tu feignis pour moy ,
Et je veux l'en punir en m'imposant la peine
D'en aimer un autre que toy.

PELE'E.

Et moy , je vais le voir ce Rival redoutable ;
Pour attirer sur moy sa haine impitoyable
Mon amour va se découvrir ;
Je vous parois coupable ,
Je ne cherche plus qu'à mourir.

THETIS.
Ah ! que dis-tu ? fuy sa presence ,
Quitte des lieux pleins de danger.

PELE'E.
Si je vous ay pû faire une mortelle offense ,
C'est au Tonnerre à vous vanger.

THETIS ET PELE'E;

THETIS.

Eloigne-toy, le bruit redouble,
Je ne puis plus te voir icy sans trouble.

PELE'E.

A me chasser vos efforts seront vains,
Si je ne voy finir vôtre injustice extrême.

THETIS.

Va, fuy ; te montrer que je crains,
C'est te dire assez que je t'aime.

JUPITER descend du Ciel.

SCENE SIXIÉME.

JUPITER, THETIS.

JUPITER.

DEeſſe, dans ces lieux mon amour me conduit
Avec tout l'éclat qui me ſuit ;
Pour d'autres beautez, moins charmantes
J'ay ſouvent emprunté des formes differentes,
Mais il faut que mes ſoins ſoient plus dignes de vous,
Il faut qu'à vos attraits mon hommage réponde,
Et c'eſt comme Maître du Monde
Que je veux être à vos genoux.

THETIS.

Permettez que mon cœur prenne peu d'aſſûrance
Sur des ſoins trop flateurs que je n'attendois pas,
Je ſçay quels ſont mes appas,
Et quelle eſt vôtre conſtance.

JUPITER.

Il eſt vray que juſqu'à ce jour
J'ay pris pour cent beautez un inconſtant amour ;
Mais vôtre gloire en deviendra plus belle,
Lors qu'à vos charmes ſeuls mes vœux ſeront offerts ;
Et vous triompherez de tant d'Objets divers
En me rendant fidele.

Rien n'eſt plus doux que d'arreſter
Un cœur volage,
C'eſt un avantage
Dont vous devez vous flater.

THETIS.

Rien n'eſt capable d'arreſter
Un cœur volage,
C'eſt un avantage
Dont on ne peut ſe flater.

ENSEMBLE.

Rien n'eſt { *plus doux que* / *capable* } *d'arreſter*
Un cœur volage,
C'eſt un avantage
Dont { *vous devez vous* / *on ne peut ſe* } *flater.*

JUPITER.

Vous refuſez de croire
Que mon cœur pour jamais ſoit ſous vôtre pouvoir,
Vous ignorez encor quelle eſt vôtre victoire,
Et bien vous allez le ſçavoir.

Changez-vous, Lieux ruſtiques,
En Jardins magnifiques,
Et vous, Peuples divers,
Venez en un inſtant, & traverſez les airs.

SCENE VII.

SCENE SEPTIÉME.

Le Théatre change, & repréſente des Jardins ; dans le même temps on voit paroître quatre Troupes de quatre Peuples les plus differents & les plus éloignez les uns des autres qui fuſſent connus du temps des Fables. La prémiere eſt de Grecs, la ſeconde de Perſes, la troiſiéme d'Ethiopiens, & la quatriéme de Scithes.

JUPITER, THETIS, MERCURE,
Troupes des quatre Peuples.

JUPITER.

VOus qui de tous les lieux que le Soleil éclaire
 Par mes ordres puiſſants accourez, à la fois,
  Peuples, qui ſous diverſes loix
N'avez rien de commun que l'ardeur de me plaire,
  Soyez attentifs à ma voix.
Vos vœux ne ſeront point déſormais legitimes,
Je ne recevray point d'encens ny de victimes,
Si le nom de Thetis n'eſt joint avec le mien,
Sans cét aimable nom je n'écoute plus rien.

Thetis a ſçû charmer le Maître du Tonnerre,
  Et le plus grand des Immortels ;
  Il faut que ſur toute la Terre
  Elle partage ſes Autels.

D

CHOEUR.

Thetis a sçû charmer le Maître du Tonnerre,
Et le plus grand des Immortels ;
Il faut que sur toute la Terre
Elle partage ses Autels.

Les Grecs & les Perses rendent leurs hommages
à THETIS par des danses.

CHOEUR des Grecs & des Perses.

Aimez, Déesse,
Tout vous en presse,
Rendez heureux
Jupiter amoureux.

Un Dieu puissant reçoit nos vœux sans cesse,
Et de ce Dieu vous recevez les vœux.

Aimez, Déesse,
Tout vous en presse,
Rendez heureux
Jupiter amoureux.

De vos desirs si la Gloire est maîtresse,
La gloire même approuvera vos feux.

Aimez, Déesse,
Tout vous en presse,
Rendez heureux
Jupiter amoureux.

Danſes des Ethiopiens & des Scithes.

CHOEUR des quatre Peuples.

Que toutes nos voix ſe confondent
Pour chanter de Thetis les triomphants appas.
Que tout les celebre icy bas,
Que les cieux même nous répondent,
Le Souverain des Dieux veut, à tout l'Univers,
Vanter la gloire de ſes fers.

On entend une Tempête qui s'éleve.

CHOEUR des Peuples.

Quel bruit ſoudain nous épouvante!
Quelle tempête! quelle horreur!
Les Vents ſon déchaînez, & l'Onde menaçante
Répond aux Vents avec fureur.

NEPTUNE paroît ſur la Mer.

D ij

SCENE HUITIÉME.

JUPITER, NEPTUNE, MERCURE, PEUPLES.

NEPTUNE paroît sur la Mer.

NEPTUNE.

DE quels chants odieux retentit ce rivage?
Jupiter sçait-il bien que c'est moy qu'il outrage?
A-t'il quitté les cieux pour braver mon courroux,
En m'enlevant l'Objet de mes vœux les plus doux?

JUPITER.

Oüi, j'adore Thetis, & n'en fais point mistere,
Vous, si vous m'en croyez, Neptune, épargnez-vous
Les impuißants transports d'une vaine colere.

JUPITER sort suivy des Peuples.

G

SCENE NEUVIEME.

NEPTUNE, MERCURE.

NEPTUNE sort de la Mer, & la Tempête continüe.

NEPTUNE.

ME croit-il donc soûmis à ses commandements?
  Quoy? me croit-il sous son obeïssance?
Ah! dans le juste éclat de mes ressentiments,
Mon bras se servira de toute sa puissance,
    Je confondray les elements ;
J'exciteray mes flots, & par leur violence,
Je causeray par tout d'affreux débordements ;
Et sur la Terre entiere, exerçant ma vangeance,
    J'ébranleray ses fondements.

MERCURE.

S'il faut que Jupiter s'obstine
Dans l'amour dont il est blessé,
Je voy d'une affreuse ruine
    L'Univers menacé.

Songez, à prévenir les maux que j'apprehende ;
    L'interest commun le demande.

NEPTUNE.

Ne croyez point m'intimider,
Non, non, que Jupiter se rende,
J'ay prévenu ses feux, c'est à luy de céder.

MERCURE.

Une puissance plus grande
Entre vous peut décider ;
Consultez le Destin, le Destin vous commande ;
Son Arrest doit vous accorder.
La fin de vos débats ne peut être plus prompte ;
Vous sçaurez qui des deux doit obtenir Thetis.

NEPTUNE.

J'y consens, au Destin nous nous rendons sans honte ;
Il nous tient tous assujettis.

FIN DU SECOND ACTE.

ACTE TROISIÉME.

Le Théatre repréfente le Temple du Deftin.

SCENE PREMIÉRE.

LES MINISTRES DU DESTIN.

UN DES MINISTRES.

Deftin! quelle puiſſance
Ne ſe ſoûmet pas à toy?
Tout fléchit ſous ta loy,
Tes ordres n'ont jamais trouvé de reſiſ-
tance.
O Deftin! quelle puiſſance
Ne ſe ſoûmet pas à toy?

UN DES MINISTRES.

Malgré nous, tu nous entraînes
Où tu veux,
C'est toy qui nous amenes
Tous les évenements heureux ou malheureux,
Tu les as liez entr'eux
Avec d'invisibles chaînes;
Par des moyens secrets
Ton pouvoir les prépare,
Et chaque instant déclare
Quelqu'un de tes Arrests.

CHOEUR.

O Destin! quelle puissance
Ne se soûmet pas à toy?
Tout fléchit sous ta loy,
Tes ordres n'ont jamais trouvé de resistance.
O Destin! quelle puissance
Ne se soûmet pas à toy?

UN DES MINISTRES.

C'est en vain qu'un Mortel pleure, gemit, soûpire,
Un Dieu voudroit en vain t'opposer sa fierté,
Rien ne change les Loix qu'il te plaist de prescrire,
Ton inflexible dureté
Fait la grandeur de ton Empire,
Ton inflexible dureté
En fait la Majesté.

SCENE II.

SCENE DEUXIÉME.

LES MINISTRES DU DESTIN, PELE'E.

PELE'E.

Ministres du Destin, je viens pour vous ap-
prendre
Que dans ces lieux Neptune va se rendre,
Neptune vient vous consulter,
Quel spectacle plus doux peut jamais vous flater?

CHOEUR.

O Destin! quelle puissance
Ne se soûmet pas à toy?
Tout fléchit sous ta loy,
Tes ordres n'ont jamais trouvé de resistance.
O Destin! quelle puissance
Ne se soûmet pas à toy?

UN DES MINISTRES.

Les Dieux ont partagé le Monde,
Et leur pouvoir est different;
Mais ton vaste Empire comprend
Les Cieux, l'Enfer, la Terre & l'Onde.
Les Dieux ont partagé le Monde,
Mais tu réünis tout sous un pouvoir plus grand.

PELE'E.

Daignez, aussi sur mes peines secrettes,
Des Arrests du Destin, être les interpretes.

CHOEUR.

Nous ne répondons point aux Mortels curieux,
L'Oracle du Destin n'est que pour les grands Dieux.

Les Ministres sortent.

E

SCENE TROISIÉME.

PELE'E.

Ciel! en voyant ce Temple redoutable,
De quel fremiſſement je me ſens agité!
C'eſt icy qu'il eſt arrêté
Si je dois être heureux où miſerable;
Cét Ordre, quel qu'il ſoit, doit être exécuté;
Mais l'avenir impenetrable
Le cache encor dans ſon obſcurité,
Quel doute inſupportable!
Qu'un Amant en eſt tourmenté!

Inflexible Deſtin, dans tes Loix éternelles,
N'as-tu ſuivy qu'un aveugle hazard?
Helas! n'as-tu point eû d'égard
Pour les Amants fidelles?
Non, non, je tâche envain à flater mes ennuis,
Par l'état où tu me reduis,
Je reſonnois déja l'effet de tes caprices;
Et n'exerces-tu pas toûjours
Tes plus cruelles injuſtices
Sur les plus fidelles amours?

SCENE QUATRIE'ME.
PELE'E, DORIS.

DORIS.

OU je me trompe, ou c'est vôtre tendreſſe
Qui dans ces lieux vous amene avec nous ;
A l'Arreſt du Deſtin vôtre cœur s'intereſſe ;
Mais je crains qu'il ne donne une aimable Déeſſe
    A quelque Dieu, plûtoſt qu'à vous.

PELE'E.

    Je ne crains, ny n'eſpere.
    L'avenir qui m'eſt préparé
    Sçaura toûjours me plaire,
    Et le Deſtin peut faire
    Ses Arreſts à ſon gré.

DORIS.

    Je connois vôtre flâme,
    C'eſt en vain que vous déguiſez.

PELE'E.

Plus vous voulez penetrer dans mon ame,
    Plus vous vous abuſez.

Il ſort.

SCENE CINQUIEME.
DORIS.

JE ne le voy que trop, mes feux font méprifez.

J'ay crû que l'on m'aimoit, j'ay pris des efperances
Sur de trop foibles apparences ;
Ciel ! quel honte pour mon cœur
D'eftre tombé dans une erreur fi vaine !
Et quelle peine
De renoncer à cette douce erreur !

Mais que fert ma plainte impuiffante ?
Il faut punir & fe vanger.
Que par fes maux l'Ingrat reffente
Dans quels maux il m'a fçû plonger,
Il faut punir & fe vanger.
Tout ce que la fureur préfente,
Eft permis pour fe foulager ;
Il faut punir & fe vanger.

SCENE SIXIÉME.

NEPTUNE, DORIS, Suite de Neptune.

NEPTUNE.

QU'on ne me suive plus, allez, que l'on m'attende,
Je veux que sans témoins cét Oracle se rende.

SCENE SEPTIÉME.

NEPTUNE.

CEdez pour quelque temps, importune Gran-
deur,
Cedez au tendre amour qui regne dans mon cœur.
Moy que les vastes Mers reconnoissent pour Maistre,
Je viens en tremblant reconnoître
Un plus grand pouvoir dans ces lieux ;
L'Amour qui m'y reduit sçait abaisser les Dieux,
Sa force contre nous affecte de paroître.
Cedez pour quelque temps, importune Grandeur,
Cedez au tendre amour qui regne dans mon cœur.

SCENE HUITIÉME.

NEPTUNE, MINISTRES DU DESTIN.

UN DES MINISTRES.

Dieu de la Mer, quel sujet vous amene ?

NEPTUNE.

Mon amour pour Thetis cause toute ma peine,
Jupiter vient troubler mes feux,
Prononcez qui de nous verra remplir ses vœux.

UN DES MINISTRES.

Destin, un grand Dieu te demande
Quel succés tu veux qu'il attende,
Dans tes secrets il cherche à pénétrer,
Daigneras-tu les declarer ?

Le Ministre est saisi tout à coup d'une espece
d'entousiasme, & il continuë.

Qu'un respect plein d'épouvante
Fasse tout trembler,
L'Avenir va se révéler.
Que tout l'Univers ressente
Un respect plein d'épouvante,
Le Destin est prest à parler.

CHOEUR.

Qu'un respect plein d'épouvante
Fasse tout trembler,
L'Avenir va se révéler.
Que tout l'Univers ressente
Un respect plein d'épouvante,
Le Destin est prest à parler.

On entend une voix qui sort du fond du Temple.

ORACLE.

Ecoutez, Dieu de l'Onde,
Tout ce que le Destin permet qu'on vous réponde ;
L'Epoux de la belle Thetis
Doit être un jour moins grand, moins puissant que
son Fils ;
Tout le reste est caché dans une nuit profonde.

NEPTUNE.

Ah ! quel Oracle je reçoy !
Quel Arrest menaçant ! quelle funeste loy !

FIN DU TROISIE'ME ACTE.

ACTE QUATRIÈME.
Le Theatre repréſente un lieu deſert au bord de la Mer.

SCENE PRÉMIERE.
JUPITER, DORIS.

JUPITER.

Ans quel étonnement voſtre diſcours me jette?
Thetis pourroit brûler d'une flâme ſecrette!
Neptune à Jupiter eſt-il donc preferé?

DORIS.

Non, un ſimple Mortel, Pelée eſt adoré.

Je viens de voir encor ces deux Amants enſemble,
Ils ſe cherchent par tout, & ſe trouvent toûjours.

JUPITER.

Quoy! lorſque ſous mes Loix il n'eſt rien qui ne tremble,
Un Mortel oſeroit traverſer mes amours?

DORIS.

Thetis vient en ces lieux, & vous pouvez vous-même
Vous éclaircir dans cét inſtant.

SCENE II.

SCENE SECONDE.
JUPITER, THETIS.

JUPITER.

DEesse, expliquez-vous sur le sort qui m'attend.

Jupiter ne veut point que sa grandeur suprême
Luy fasse auprés de vous un merite éclatant,
Il ne veut s'en servir qu'à prouver qu'il vous aime,
En vous la soûmettant

THETIS.

Neptune ainsi que vous prétend à ma tendresse,
Il est le Dieu des Mers, j'en suis une Déesse,
Je dois redouter son courroux,
Il ne m'est pas permis de choisir entre vous.

JUPITER.

Tant d'égards, tant de prévoyance
Sont des effets d'indifference,
Ces timides ménagements
Ne sont pas faits pour les Amants.

THETIS.

Vous sçavez quelle est ma fortune,
Le Destin m'a soumise au Maistre de la Mer.

JUPITER.

Si vous aimiez Jupiter,
Vous craindriez moins Neptune.

Mais que nous veut Protée ? il le faut écouter.

E

SCENE TROISIE'ME.

JUPITER, THETIS, PROTE'E.

PROTE'E à JUPITER.

NEptune m'a chargé de venir vous apprendre
Qu'à l'hymen de Thetis il cesse de prétendre,
Qu'il n'a plus le dessein de vous la disputer.

JUPITER.

Quel bonheur imprévû vient icy me surprendre ?
Ah ! ma reconnoissance aura soin d'éclater,
Dy-luy qu'il en doit tout attendre.

SCENE QUATRIEME.

JUPITER, THETIS.

JUPITER.

RIen n'est donc plus contraire au succés de mes
vœux,
Vous m'opposiez un obstacle qui cesse.
Mais que vois-je, Thetis ? quelle sombre tristesse
Dans le moment que tout céde à mes feux ?
Pour m'assûrer de tout ce trouble, doit suffire
Un fidelle rapport

THETIS.

Quoy ? qu'à t'on pû vous dire ?

JUPITER.

Que Pelée en secret ....

THETIS.

Non, ne le croyez pas,
Non, si son cœur soupire,
C'est pour d'autres appas,
Non, ne le croyez pas.

JUPITER.

Je voy que vous estes coupable,
Vous vous justifiez d'un air trop empressé.
Vôtre cœur s'est donc abaissé
Aux vœux d'un Mortel méprisable ?
Lorsque je soupirois pour vous
Je rendois seulement son triomphe plus doux.
Sous une trompeuse apparence
Vous imposiez à cet amour fatal,
Qui tenoit Jupiter sous vôtre obeïssance.
Non, je n'auray pas trop de toute ma puissance,
Pour punir à mon gré mon odieux Rival.

THETIS.

Ciel ! que viens-je d'entendre ?
Est-ce là cet amour si soûmis & si tendre ?

JUPITER.

Par de cruels mépris vous osez m'irriter,
Et vous avez recours à mon amour extrême,
Quand ma fureur est preste d'éclater ?
Tremblez, c'est cet amour luy-même
Que vous avez à redouter.

SCENE CINQUIÉME.

THETIS.

QVelle horreur m'environne, & quel effroy me
　　　　glace !
Quels abimes de maux s'ouvrent devant mes yeux !
Helas ! c'est mon Amant que Jupiter menace,
Quels traits peut nous lancer le souverain des Dieux?

Ah ! je le voy déja, je le voy qui prépare
　　　　Ses plus terribles coups.
Trop funestes Appas, pourquoy m'attirez-vous,
Sous le doux nom d'amour, cette haine barbare,
　　　　Et cet implacable courroux ?

SCENE SIXIÉME.
THETIS, PELE'E.

THETIS.

AH ! Pelée, apprenez tous les malheurs enfemble,
Jupiter fçait enfin nos fecrettes amours.
Vous diray-je encor plus ? Ciel ! je fremis , je tremble ,
Jupiter menace vos jours.

Quoy ! de vôtre peril la funefte nouvelle
Ne vous infpire pas d'effroy ?

PELE'E.

Jupiter en fureur ne peut rien contre moy ,
Vous eftes Immortelle.

THETIS.

Si vous ne craignez pas pour vous ,
Craignez du moins pour une Amante ;
Peut-on vous porter des coups
Que mon ame ne reffente ?

PELE'E.

Que vôtre tendreffe eft charmante,
Et que mon trépas fera doux !
L'Ennemy qui nous tourmente
Luy-même en fera jaloux.

THETIS ET PELE'E.

THETIS.

Craignez du moins pour une Amante,
Si vous ne craignez pas pour vous.

Quel seroit mon destin ? vous cesseriez de vivre,
Et moy, je ne pourrois recourir au trépas ;
Si je pouvois vous suivre,
Je ne me plaindrois pas.

THETIS & PELE'E.

Helas ! de quelles flâmes
Nous perdons les douceurs !
Quel amour enchantoit nos ames !
Quel amour unissoit nos cœurs !
Helas ! de quelles flâmes
Nous perdons les douceurs.

THETIS.

Mais quels bruits pleins d'horreur troublent mes sens
timides ?
Tous les Vents rassemblez fremissent dans les airs.

PELE'E.

Je voy sortir des Enfers
Les cruelles Euménides.

THETIS.

Ah ! c'en est fait, je vous pers.

SCENE SEPTIÉME.

THETIS, PELE'E, LES TROIS EUMENIDES, LES VENTS.

Les Vents arrivent en faifant des efpeces de tourbillons autour de PELE'E, avec des actions menaçantes.

UNE EUMENIDE.

PElée, il faut aller fur ce Rocher funefte,
  Où dans un tourment éternel
  Gemit le fameux Criminel
  Qui déroba le feu celefte.

  Partez, Vents, & l'emportez,
  Dans ces lieux fi redoutez.

Les Vents vont pour enlever PELE'E.

THETIS.

Accablez-moy plûtôt des plus affreufes peines,
  Arreftez, Cruels, arreftez.

LES EUMENIDES.

  Déeffe, vos larmes font vaines,
  Vos cris ne font point écoutez,
Les Loix de Jupiter font des Loix fouveraines,
  Il faut fuivre fes volontez.

Les Vents vont encore pour enlever PELE'E.

THETIS ET PELE'E,

THETIS.

Arreſtez, Cruels, arreſtez.

PELE'E à THETIS.

Laiſſez-moy d'un Rival devenir la victime,
Puiſqu'un tendre amour eſt un crime ;
Quels rigoureux tourments n'ay-je pas meritez ?

UNE EUMENIDE.

Vents, ne differez plus, obeïſſez, partez.

Les Vents enlevent PELE'E.

SCENE HUITIÉME.

THETIS, LES EUMENIDES.

THETIS.

Quoy ! toute la Nature
A ce ſpectacle affreux ne fremit-elle pas ?
Soleil, retourne ſur tes pas,
Plonge-nous pour jamais dans une nuit obſcure ;
Dieux immortels, uniſſez-vous
Contre un Tiran qui nous opprime tous.

FIN DU QUATRIE'ME ACTE.

ACTE V.

ACTE V.

La Decoration eſt la meſme que dans
l'Acte precédent.

SCENE PREMIERE.

JUPITER, MERCURE.
MERCURE.

N'En doutez point, Neptune à ſa flame
    renonce
Sur l'Oracle qu'icy je vous ay rapporté,
J'ay voulu du Deſtin apprendre la réponſe,
Par mes avis il l'avoit conſulté.

JUPITER.

Quel Oracle cruel! que je ſuis agité!

J'ay puny mon Rival, Thetis ambitieuſe
Auroit pû l'oublier aprés quelque ſoûpirs,
Mais d'un Fils trop puiſſant la naiſſance odieuſe
Seroit l'effet de mes deſirs.

G

Mon trouble est extrême,
Vous m'entraînez tour à tour,
Trop charmant Amour,
Doux attraits du sang suprême.
Hélas! faut-il que dans mon cœur,
Dans le cœur de Jupiter même,
L'Amour balance la Grandeur?

MERCURE.

Le cœur de Jupiter n'est fait que pour la Gloire,
L'Amour n'y peut long-temps disputer la victoire.

JUPITER.

Non, il ne la dispute plus,
C'en est fait, ses nœuds sont rompus.

Pour monter sur ce Trône où le Ciel me revere,
J'en fis tomber mon Pere,
Un Fils ambitieux le vangeroit sur moy,
Je connois les desirs qu'un si beau Rang inspire,
Mon propre exemple doit suffire
Pour me remplir d'effroy.

Mais quel souvenir me retrace
Des charmes trop doux & trop chers?
Ma Grandeur disparoist, tout son éclat s'efface;
Faudra-t'il succomber & rentrer dans mes fers?

SCENE SECONDE.

JUPITER, MERCURE, THETIS.

THETIS.

DU Souverain des Dieux j'implore la clemence,
　　Rendez-vous aux tourments affreux
　　Dont j'éprouve la violence :
S'ils étoient moins cruels, j'aurois moins d'esperance
　　De toucher un cœur genereux ;
　　Plus vous aimez, plus ma constance
　　Doit fléchir un cœur amoureux.
　　Rendez-vous aux tourments affreux
　　Dont j'éprouve la violence :
Espargnez seulement les jours d'un Malheureux ;
J'accepte pour supplice une éternelle absence,
　　N'est-il pas assez rigoureux ?
　　Rendez-vous aux tourments affreux
　　Dont j'éprouve la violence.

SCENE TROISIÈME.

JUPITER, MERCURE, THETIS, DORIS.

DORIS à JUPITER.

UN *juſte repentir m'agite & me tourmente,*
J'ay troublé deux Amants dans leur flâme
innocente,
J'ay pouſſé vôtre bras, & j'ay conduit vos traits ;
Que ne puis-je du moins par ma douleur preſſante
Reparer les maux que j'ay faits ?

THETIS & MERCURE.
Que vôtre haine ceſſe,
Laiſſez-vous émouvoir.

MERCURE.
La Gloire vous en preſſe.

THETIS.
L'Amour même, l'Amour vous en fait un devoir.

JUPITER.
Vents, partez, & que la Déeſſe
Revoye en ce moment l'Objet de ſa tendreſſe.

DORIS ſort.

THETIS.
Ah ! quel genereux retour !
Quel bonheur pour mon amour !

SCENE QUATRIÉME.

JUPITER, MERCURE, THETIS,
PELE'E, ramené par les Vents.

THETIS à PELE'E.

PElée, à mes soûpirs Jupiter a fait grace,
De son plus fier courroux sa bonté prend la place.

PELE'E à JUPITER.

Maître de l'Univers, quels Autels, quels Encens
Acquiteront jamais nos cœurs reconnoiſſants?

JUPITER.

Vôtre amour est content, un doux succés le flâte,
Mais il faut que ma gloire en ce beau jour éclate,
Je veux que vôtre Hymen se celebre à mes yeux,
Je veux que ce lieu s'embelliſſe,
Et qu'une feste y réüniſſe
Les Dieux les plus puiſſants de la Terre & des Cieux.

Le Théatre change & represente l'appareil du Festin
des Nôces de THETIS & de PELE'E. Les Dieux
Celestes sont placez de tous côtez sur des Nuages, &
les Dieux Terrestes sont en bas.

SCENE CINQUIE'ME.

JUPITER, THETIS, PELE'E, Troupe de
Dieux Celeftes, Troupe de Dieux Terreftres.

JUPITER.

ECoutez-moy, *Troupe Immortelle.*
Quand l'Amour à Thetis me fit rendre des foins ;
Une flâme fi belle
Eût tout les Mortels pour témoins.
Mais j'ay facrifié mon amour à ma gloire,
Je cede à mon Rival ce que j'aime le mieux,
Je veux avoir tous les Dieux
Pour témoins de ma Victoire.

DIEUX DU CIEL.

Celebrons tous par des Concerts charmants
Du Souverain des Dieux le triomphe fuprême.

DIEUX DE LA TERRE.

Celebrons le bonheur extrême
De deux parfaits Amants.

DIEUX DU CIEL.

Quels honneurs Jupiter ne doit-il pas attendre ?

DIEUX DE LA TERRE.

Que ces heureux Amants font charmez en ce jour !

DIEUX DU CIEL.

Qu'il eft beau de vaincre l'Amour !

DIEUX DE LA TERRE.

Qu'il eft doux de s'y rendre !

DIEUX DU CIEL & DE LA TERRE.

Celebrons tous par des Concerts charmants
Du Souverain des Dieux le triomphe suprême ,
Celebrons le bonheur extrême
De deux parfaits Amants.

Les Dieux Terreſtres ſe partagent en trois Qua-
drilles qui font des Danſes accompagnées de Recits.
La premiere Quadrille eſt celle de Vertumne & de
Flore , ſuivis de Bergers & de Bergeres. La ſeconde eſt celle de Pan & de Palés , avec les Faunes &
les Silvains. La troiſiéme eſt celle de Bachus &
de ſes Ménades.

RECIT DE FLORE.

Tous vos vœux ſont ſatisfaits ,
Amants , ne changez jamais.
Une flâme contente
N'en doit pas être moins ardente ,
L'amour ne vous rend pas heureux
Pour vous rendre moins amoureux.
Que toûjours les Zephirs & Flore
Vous trouvent à leur retour ,
Plus charmez encore
D'un mutuel amour.

DORIS.

Quittez le reste de la Terre,
Volez Amours, dans ces beaux lieux,
Vos traits y sont victorieux,
Et du Trident & du Tonnerre.
Quittez le reste de la Terre,
Volez Amours, dans ces beaux lieux.

Quand on combat avec vos armes,
On triomphe des Immortels,
Les Dieux même adorent vos charmes,
Et leur élevent des Autels.
Quittez le reste de la Terre,
Volez Amours, dans ces beaux lieux.

CHŒUR DE TOUS LES DIEUX.

Vivez heureux, tendres Amants,
Vivez, vivez heureux, oubliez vos tourments.
Un beau nœud vous unit, joüissez de ses charmes.
Vous les avez payez par toutes vos allarmes.
Du sort des plus grands Dieux ne soyez point jaloux,
Ils ont peu de plaisirs, s'ils n'aiment comme vous.

FIN DU CINQUIEME ET DERNIER ACTE.